JOSÉ CARLOS
DE LUCCA

CATANDUVA SP
2024

Contém
Vida!

SUMÁRIO

UM MINUTO

NO AUGE DE SUAS CRISES, pare um minuto para pensar em Deus. Não imagine um Deus distante, inacessível, indiferente ao que está ocorrendo em sua vida.

Jesus nos apresentou Deus como um Pai que tem amor por seus filhos.

Por mais distante que você se sinta Dele, por mais espinhoso que seja o seu problema,

1

por mais culpa que você talvez carregue, pense que o Pai
o ampara neste exato momento, e, contando com o seu bom
ânimo, sua fé e sua determinação para vencer, lançará as
cordas para você se levantar.

E não se esqueça de que Deus
está dentro de você mesmo!

FELIZES

FELIZES OS SIMPLES. FELIZES os descomplicados. E os de fácil trato.

Felizes os que procuram ser leves. E os que não se sobrecarregam de preocupações. Felizes os que digerem suas frustrações. E os que sabem rir de si mesmos.

2

Felizes os que sabem perder. E os que, quando ganham, não humilham o perdedor. Benditos os que se deixam em paz, que abrem mão de ter razão para serem felizes. Enfim, a primeira de todas as virtudes é a humildade, aquela que abre as portas do céu dentro da gente mesmo!

MAIS HUMANOS

PARA SE CONVIVER BEM COM os outros, condição essencial da nossa felicidade, é preciso reconhecer a vulnerabilidade típica da nossa humanidade, tolerar as imperfeições alheias, perdoar a inconsistência de cada um, desenvolver o espírito de fraternidade, remédios que Jesus prescreveu em seu Evangelho, e que representam medidas preventivas contra nossos acessos de egocentrismo. A humildade acende a luz da vitória.

O orgulho é franca derrota!

Para lidarmos bem com as pessoas, sejamos mais humanos!

HARMONIA INTERIOR

A DOENÇA É A PERDA DA NOSsa harmonia interior.

A maior parte das enfermidades tem origem nas emoções desvairadas, nos pensamentos tóxicos, no vitimismo, na culpa não liberada, nos ressentimentos que insistimos em cultivar.

4

A doença começa por dentro e desagua no corpo. Para curar a doença é necessário não apenas remédios, dietas e cirurgias, mas, sobretudo, curar o doente, restabelecendo-se a harmonia perdida.

Busque o seu equilíbrio interno e o corpo vai lhe agradecer.

LIÇÕES NO DESERTO

AINDA QUE ATRAVESSANDO tribulações, creia no bem que o envolverá, mesmo que, por ora, você não enxergue uma solução.

Lembre-se que tudo concorre para o bem daqueles que amam a Deus.

O Pai permite que o filho passe por dificuldades para extrair um bem para a sua vida.

5

Preste atenção nas lições que você precisa aprender durante a travessia do seu deserto.

Não adie mais as mudanças que você sabe que precisa fazer, tenha coragem para enfrentar os ventos contrários, e sinta que, em meio a todas essas dificuldades, Deus está querendo fazer de você uma pessoa melhor.

FUSÃO DIVINA

NINGUÉM DEVE VIVER COMO se fosse o centro do universo.

O individualismo marcha no contrafluxo da ordem divina, onde tudo está interligado e todos dependem uns dos outros.

O amor nos leva ao estado de fusão com a vida, com os seres à nossa volta, com nós mesmos e Deus, fonte de plenitude e alegria de viver.

6

Já o egoísmo nos conduz ao estado de separação – separação de nós mesmos, separação do próximo, separação de Deus, raiz das nossas dores, conflitos, carências e doenças.

Pense na vida como uma orquestra da qual nós somos apenas um instrumentista que executa sua arte para a harmonia do conjunto. Deus é o nosso maestro.

AJUDE-ME A PERDOAR

QUANDO ME OFENDEM, EU ainda sinto mágoa. E sei que Deus me entende, sobretudo porque sou honesto ao reconhecer minhas impossibilidades momentâneas.

Por essa razão é que, em minhas orações, eu aprendi com Marianne Williamson a dizer assim: "Meu Pai, eu tenho mágoas dessa pessoa. Ajude-me a perdoar, a renunciar à raiva, a não desejar qualquer tipo de punição, a ter um olhar diferente sobre ela. Que eu veja não os seus erros, mas a luz divina que habita o seu ser.

E que essa experiência me seja oportunidade para amar um pouco mais. Assim seja."

RENASCER

MORTO NÃO É AQUELE CUJA vida física expirou. A morte é simples passagem do Espírito para a vida em outro plano de existência.

Os verdadeiros mortos estão biologicamente vivos, embora espiritualmente enterrados no túmulo da inércia.

8

É preciso renascer na própria vida, várias vezes. Para todos os vivos que estão enterrados, ouçamos o poeta Emílio Moura nos tirando do túmulo:

"Viver não dói, o que dói é a vida que se não vive. Tanto mais bela sonhada, tanto mais triste perdida."

MUNDO REAL

QUANDO DEIXAMOS O MUNdo ideal e caímos no real, no que é e não no que deveria ser, abrindo mão das nossas elevadas expectativas, sem revoltas, procurando extrair o melhor possível de cada situação, diminuímos sensivelmente as frustrações que nos impedem de ter uma vida boa o suficiente.

9

Quando aceitamos as incompletudes da existência, “despressionamos” nossa vida, uma onda de paz nos envolve, e a felicidade nos chama para tomar um sorvete de palito ali na esquina... Aceita o convite?

PROFESSORES

A VIDA É UMA SALA DE AULA E os obstáculos são os professores do nosso crescimento como ser humano.

Invariavelmente, cada problema traz em si um aprendizado! A doença nos ensina a viver com mais equilíbrio. Os obstáculos nos convidam ao aprendizado da perseverança. A morte é a professora que nos dá os melhores conselhos de como não desperdiçar a vida com coisas insignificantes. As perdas nos ensinam o caminho do desapego. A mágoa nos aponta o caminho do perdão. O erro aponta a estrada do acerto.

A Terra é uma escola de evolução espiritual; os problemas são os nossos melhores professores. Sejamos bons alunos!

REVISÃO DE VIDA

SOMOS DEUSES, DISSE JESUS. Isso quer dizer que nossa essência é divina.

Todas as vezes, porém, que nos afastamos de nossa natureza amorosa, deixando que o egoísmo nos domine, o nosso "eu divino" emitirá fortes sinais de alerta para que retornemos à nossa essência.

Os sinais virão por intermédio de amigos, familiares, intuições do nosso anjo de guarda, sonhos, até em forma de doenças, perdas financeiras e afetivas, acidentes, obsessões espirituais.

O propósito é fazer com que façamos uma revisão de vida, endireitar os nossos passos no caminho do despertar espiritual, ser mais amor do que ego, mais perdão do que mágoa, mais espírito do que matéria.

QUEIXA E GRATIDÃO

A QUEIXA É A GRANDE INIMIga da felicidade, estraga a nossa vida, faz-nos perder a encarnação.

Deus sempre nos dá o que precisamos, nem sempre o que queremos.

Precisamos aceitar a realidade, fazendo o necessário para mudá-la, no que for possível.

12

A vida tem uma sabedoria própria, as portas fechadas de hoje tendem a nos levar para as conquistas de amanhã.

Se, porém, nos queixamos constantemente de tudo e de todos, a vida reproduzirá o mesmo cenário que a nossa mente insiste em se fixar.

A queixa fecha caminhos, a gratidão abre estradas.

NOVA SEMENTEIRA

NA LÓGICA DA REENCARNAção, tudo o que plantamos numa existência anterior desabrocha na existência atual, tanto as boas quanto as más sementes.

E tudo o que plantarmos hoje haveremos de colher seja nesta vida, seja em existências futuras. Nesse incrível projeto divino, cada existência (reencarnação) é um capítulo na escola da vida, a fim de que o espírito compreenda a trajetória que vem escolhendo para si mesmo.

Se hoje a nossa colheita do passado não nos agrada, temos a vida de agora para "nascer de novo" e fazer melhor o que ontem não conseguimos realizar. Reencarnar é renovar o destino todos os dias.

UM CORAÇÃO IGUAL AO DELE

JESUS DESEJA QUE TENHAMOS um coração igual ao dele. Mas seria isso possível para nós? É o próprio Jesus quem nos responde: "Aprendei de mim, porque sou manso e humilde de coração."

Jesus não nos pediria algo que estivesse fora do nosso alcance. Sim, para Jesus, é possível que tenhamos um coração igual ao dele, mas precisamos reconhecer que essa conquista é um aprendizado ("Aprendei de mim!") que se faz através do tempo e da vontade do discípulo de seguir os passos de seu mestre.

Que não tenhamos um coração de pedra, tampouco vestido de orgulho. Bom é ter um coração onde as pessoas gostem de ficar.

NINGUÉM ESPERE

HAVERÁ PERÍODOS EM QUE nosso céu estará carregado de nuvens de dificuldades. Ninguém espere na vida um céu sempre azul.

Isso não quer dizer que o sol se apagou. Se sobrevoarmos as nuvens, veremos que o sol continua brilhando.

Deus é esse sol que não se apaga de nossas vidas, mesmo quando se avolumam as nuvens dos problemas. Nesses momentos em que a aflição nos envolve, é preciso olhar acima das nuvens e enxergar que Deus acompanha atentamente a nossa caminhada, sabe que estamos em situação de prova evolutiva e cuida para que recebamos todos os recursos para nos sairmos vencedores.

As nuvens certamente passarão, o sol vai voltar amanhã.

VIDA INTERIOR

FIQUEMOS ATENTOS AO NOSSO proceder, observando nossas atitudes, nossos pensamentos, sentimentos e palavras. Eles são sementes que, cedo ou tarde, brotarão em nosso caminho!

Cultivemos a nossa vida interior, olhando mais para dentro, reparando mais em nós do que nos outros, livrando a nossa alma de tudo aquilo que pesa, que machuca, que complica, ornando-a com o que é bom, belo e justo. Quando nos ajustamos por dentro, a vida melhora por fora!

PEÇA AJUDA

SE VOCÊ ESTÁ PERDENDO A vontade de viver, se não sente mais vontade de fazer as coisas que sempre gostou e não está vendo uma luz no fim do túnel, por favor não queira passar por essa fase sozinho. Peça ajuda!

Divida esse fardo com alguém, seja um amigo, um familiar, um orientador espiritual, e, porque não, com um médico ou terapeuta.

17

Pedir ajuda não é sinal de fraqueza, nem deve ser motivo de vergonha. Ao contrário, pedir ajuda é reconhecer que você é humano, que nem sempre consegue resolver tudo sozinho, e, portanto, natural que precise de ajuda. Até Jesus precisou de alguém para ajudá-lo a carregar a sua cruz. Por que você não precisaria, também?

AGORA

NOSSA MAIOR ATENÇÃO DEve se dirigir para o momento presente, o agora, o dia que precisa de cuidado.

O ontem já passou, não existe mais nada o que fazer nele. Podemos apenas retirar as lembranças boas do que nos ocorreu e as lições aprendidas diante dos revezes.

O futuro também não existe, é mera expectativa, nada podemos fazer no futuro. E, quando ele chegar, terá deixado de ser futuro.

18

O presente é o único tempo que, de fato, possuímos para viver, agir, criar, transformar e recomeçar.

O segredo para viver o agora é estar presente, de corpo e alma, em tudo o que você estiver fazendo.

Viver o agora é poderoso e curativo!

NÃO É O FIM

QUEM DISSE QUE A VIDA SE resume aos breves anos que passamos nesta diminuta dimensão terrena, quando comparada à imensidão de um universo em contínua expansão?

A morte não é o fim. É apenas o término de um ciclo para o recomeço da vida em outro plano de existência.

19

A vida não cessa. Nossos elos de ligação com os seres amados não se rompem com a morte.

Tudo sempre está em constante movimento de aprendizado e progresso.

Quem aceita essa realidade vive melhor e deixa viver bem quem foi colher flores em outro jardim.

DEGRAU A DEGRAU

DIANTE DOS PROBLEMAS que nos cercam, procuremos não reafirmar nossas tendências inferiores, como raiva, irritação, ódio, beligerância, revolta, vitimismo, desamor, porque tais comportamentos somente nos prendem às causas dos nossos sofrimentos.

Mas, se procurarmos subir degrau a degrau, agindo com paciência, tolerância, generosidade, perdão, fé ativa, compreensão, bondade, estima por nós mesmos, criaremos causas positivas, que nos trarão uma vida mais favorável.

Essa é a chave de libertação dos ciclos de dor e sofrimento em que temos nos mantido há séculos!

CHEIAS DELAS MESMAS

QUANDO O AMOR SE AUSENta de nossos gestos, pensamentos e palavras, a desarmonia surge em nosso caminho. Quando me refiro ao amor, falo do sentimento de bem querer o próximo, de se preocupar e algo fazer pela felicidade dele.

Eu escuto pessoas se queixarem de vazio existencial. O que elas sentem, na verdade, não é um vazio interior; elas estão é cheias delas mesmas, cheias de uma vida centrada unicamente em suas necessidades.

Elas estão fora da lei do amor; por isso, não se sentem realizadas, completas, felizes. José Saramago escreveu que para ver a ilha é preciso sair da ilha. Da mesma forma, para ver o amor é preciso sair de si mesmo.

PARA CONSIGO MESMO

A GRANDE DIFICULDADE QUE temos de perdoar talvez decorra da ideia de que o perdão implica nossa concordância com o mal que nos fizeram.

Perdoar não é avalizar a atitude de quem nos feriu, não é dizer "tudo bem, você estava certo ao me agredir, me violentar, me ferir, me ofender..."

22

O perdão é muito mais uma atitude que se tem para consigo mesmo do que propriamente para com aquele que nos feriu.

Perdoar é um presente que se dá a si próprio, abrindo mão de carregar o fardo pesado do ego ferido pelo resto da vida.

EXIGÊNCIAS

A EXIGÊNCIA DE UMA VIDA perfeita é a maior inimiga da felicidade possível.

Estou certo de que, se abandonarmos o desejo de perfeição das pessoas, das situações à nossa volta e de nós mesmos, seremos capazes de enxergar muita coisa boa em nossa vida.

23

Boa, não perfeita. Satisfatória, não maravilhosa. Legal, não incrível.

E, quando isso acontecer, a felicidade começará a surgir em nossos olhos!

Não espere que o perfeito seja inimigo do bom!

NOVO PARTO

NOSSAS DORES DE HOJE SÃO dores do parto de um ser mais crescido que a vida está fazendo nascer.

Não dá mais para continuar como criança mimada, que não tem responsabilidade pelas bagunças do seu quarto, que chora sem parar até que seus desejos ilimitados sejam satisfeitos, que acredita que todas as demais pessoas existem apenas para satisfazê-la em suas necessidades.

Ninguém será feliz desse jeito imaturo! As dores de hoje querem apenas forjar o nosso crescimento existencial.

PERTO DE SI

A HUMILDADE PÕE CADA UM de nós mais perto de si, enquanto o orgulho nos afasta da nossa essência.

A humildade nos deixa mais sinceros, simples e verdadeiros. O orgulho nos disfarça de muitas maneiras, coloca-nos máscaras que muitas vezes nos impedem de respirar.

25

A aceitação da própria realidade é a chave para quem deseja crescer e transformar o que lhe é possível. A humildade nos leva a reconhecer nosso real tamanho e nos faz mais modestos.

Por isso, Jesus afirmou que os humildes são bem-aventurados, pois são simples, moderados, compassivos, humanos.

NESSES MOMENTOS

TALVEZ HOJE ESTEJAMOS NUma situação em que nos sentimos envolvidos por nuvens aflitivas, que nos causam medo e impotência.

Nesses momentos, porém, jamais duvidemos de nós mesmos, jamais duvidemos da nossa capacidade de superação, da nossa força interior, capaz de enfrentar as maiores tempestades, e da nossa possibilidade de regeneração diante de qualquer fracasso.

Jamais esqueçamos que, acima das nuvens mais espessas, para onde deveremos levar a nossa mente e coração, Deus estará nos aguardando no pódio da vitória.

CENTELHA DIVINA

A CARIDADE DESINTERESSA-da é prática fundamental, por meio da qual o amor vai aos poucos impregnando os nossos mínimos gestos.

Falo, principalmente, da caridade de uma boa palavra, do perdão das ofensas, do sorriso a quem está triste, do pão a quem tem fome, do consolo ao desesperado.

Nos momentos em que consigo entrar no estado amoroso, sou tomado por uma energia tão intensa e divina que pareço estar sendo transportado ao céu.

Mas o único fenômeno que ocorre, na verdade, é a expansão da minha centelha divina, ainda que de forma pequena, mas suficiente para que eu sinta o efeito benéfico de uma fagulha de luz diminuindo a minha escuridão.

O AMOR CURA

DEIXE O SER AMADO PARTIR sem as amarras do apego.

O amor sofre com o apego excessivo, assim como o pássaro sofre em gaiolas.

O amor nos convida a raciocínios mais amplos e a sentimentos cada vez mais abrangentes.

Esse é o amor que cura a dor da morte, enxuga as nossas lágrimas e nos integra à grande família universal, através da semente que morreu, mas voltou a germinar. Vida gerando vida, amor fomentando amor. Só isso será capaz de preencher o vazio da ausência física do ser amado.

Deixar o ser amado voar para os infinitos céus. É na liberdade que o amor sobrevive. É no apego que ele morre.

COERENTES

QUEM AGRIDE É PORQUE JÁ sofre a dor dos espinhos encravados em sua alma, é um ferido, e todo ferido não deixa de ser um doente que precisa do remédio da compreensão, e não do veneno do revide.

Para Jesus, o perdão se torna possível quando conseguimos ser coerentes com a nossa própria falibilidade e ignorância, reconhecendo, primeiramente, o tronco que está em nossos olhos, e não o cisco no olhar do outro.

Perdoar é um grande gesto de humildade e inteligência, pois, quando não condenamos, estamos, na verdade, pedindo perdão pelos nossos próprios erros.

CONTATO COM A ALMA

A MEDITAÇÃO É UMA PRÁTICA que nos convida a um caminho de contato com a alma, um olhar para dentro, a fim de encontrar, sentir e viver a nossa essência divina, o Reino de Deus em nós, a criança interior como símbolo de ternura, pureza e amorosidade.

Quando a mente se aquieta, a alma se expande, e a essência divina assume a gerência amorosa do nosso ser.

30

Reserve momentos diários para silenciar sua mente, seus desejos, suas inquietações. Esvazie-se dos anseios do ego e, então, será preenchido pela quietude da alma. Isso é curativo!

SUAS LÁGRIMAS

UMA LÁGRIMA PODE NOS ENsinar muito em matéria de felicidade.

É por isso que Jesus disse: “bem-aventurados os que choram”, isto é, os que sabem extrair de suas lágrimas o sal da felicidade, os que fazem dos obstáculos um treino para se tornarem mais fortes, os que permitem que a tristeza os deixe mais humanos, os que aprendem o valor da simplicidade com as perdas da vida.

Lágrimas podem fertilizar o solo da nossa vida, preparando a terra para dar bons frutos.

SEM JULGAMENTOS

QUANDO A CULPA EXAGERA, seu principal efeito, por mais paradoxal que seja, é o de nos acorrentar ao erro cometido, como se estivéssemos condenados a uma pena eterna, sem possibilidade de libertação.

Aceite a sua condição humana ainda sujeita a erros. Cuidado com o orgulho que nos faz acreditar que sempre agimos acertadamente. Procure se conhecer. Olhe mais para si mesmo com humildade, para reconhecer que você ainda se equivoca, faz bobagens, perde o juízo, ainda é egoísta e, por vezes, machuca os outros.

Tome conhecimento disso, sem julgamento, mas com o compromisso de aprender com suas quedas e evitar tropeçar nas mesmas pedras outra vez.

URGENTE NECESSIDADE

NÃO HÁ CURA DAS NOSSAS relações conflituosas, das nossas doenças, das nossas culpas, da nossa vida caótica, sem esse processo de harmonização com nós mesmos, com as pessoas que cruzam a nossa história e, muitas vezes, com a imagem negativa que acreditamos que Deus tenha feito a nosso respeito.

Precisamos nos reconciliar com a vida, com a nossa história, com as pessoas que nos feriram e as outras que machucamos.

33

Jesus recomendou a reconciliação com os nossos adversários, dentre os quais nós mesmos somos muitas vezes os mais cruéis.

Sejamos mais humanos. Vamos passar a limpo as linhas tortas da nossa vida. Cicatrizemos as nossas feridas. Feridas abertas continuam doendo.

PLENITUDE DO AMOR

A FIRME VONTADE DE SER bom, aliada à oração, à meditação, e à prática da caridade nos trará a percepção da nossa essência amorosa, apta a fazer desabrochar a nossa essência divina, com todo o seu esplendor.

Dessa forma, a proposta de Jesus, consistente em deixar brilhar a nossa luz, vai aos poucos iluminando a nossa vida.

34

Assim, começarão a ruir as nossas carências e dependências. Na presença do amor, o medo desaparece, pois ficamos seguros na energia mais poderosa que existe no universo. Já não há mais vazios, pois o amor gera plenitude!

AQUELE "JEITÃO" DE JESUS

JESUS NÃO FUNDOU UMA NOVA religião. O Evangelho é um perfeito sistema para quem deseja o bem viver, aplicável a qualquer pessoa.

São propostas-desafios. São caminhos. Precisamos entrar na trilha e percorrê-la, um passo por vez, andando mais alinhados com o plano que Deus tem para nossa vida.

35

Quando a gente, nas mínimas coisas, começar a ter aquele "jeitão" de Jesus, mais humano, simples, cuidadosos com as pessoas, apaixonados pela vida, confiantes em Deus, tenhamos a certeza de que o "reino dos céus" estará dentro de nós mesmos!

PARA ACORDAR

A DOR NÃO É PUNIÇÃO DIVINA, castigo do céu ou coisa que o valha.

É um mecanismo de despertamento da criatura para os potenciais que ela não está utilizando. Ela está dormindo e o problema vem acordá-la, incomodando-a até que ela mude algo dentro de si mesma.

36

É aquele professor rigoroso, que nos obriga a estudar e, assim, assimilar o conhecimento, que abre portas ao nosso progresso.

As dificuldades são as grandes mestras do nosso desenvolvimento! Encare a dor como sua professora e aprenda a lição que ela colocou na lousa da sua vida! Quando a lição é aprendida, a professora se retira.

ETAPAS EVOLUTIVAS

DO PONTO DE VISTA ESPIRITUAL, "derrotado" não é aquele que sofreu algum revés na vida, que perdeu alguma oportunidade, que fracassou em algum tentame, que não atingiu suas metas.

Na pedagogia divina, o erro, o fracasso e o insucesso são vistos como etapas da nossa evolução, experiências de quem está matriculado na escola humana, naturalmente imperfeita, frágil e inacabada.

37

Deus dotou cada um dos seus filhos de capacidades perfeitamente adequadas para a resolução dos seus desafios. Mas isso requer consciência do poder espiritual com que cada um foi investido por Deus, coragem para enfrentar as provas e perseverança nas boas resoluções.

TRATAMENTO ESPIRITUAL

QUANDO A DOR VIER NOS VIsitar, mudemos o ângulo pelo qual enxergamos o problema.

As coisas são apenas o que imaginamos que são. Olhemos a situação como um tratamento espiritual, da mesma forma que uma pessoa se submete a uma cirurgia para remover um problema de saúde.

38

Tenhamos calma e fé, sabendo que chegou para nós o tempo da promoção espiritual.

Algo melhor acontecerá, tão logo iniciemos a cirurgia interior para remover pensamentos, sentimentos e atitudes que já não refletem o melhor que hoje somos capazes de fazer.

Deus apenas quer uma versão melhorada de nós mesmos!

REFLEXO INTERIOR

HÁ MUITO TRABALHO INTERIOR a fazer e, no mais das vezes, estamos muito distraídos de nós mesmos.

O cuidado com nosso mundo íntimo ainda é precário, e, quando surgem os problemas, ficamos procurando responsáveis externos, ignorando que o mundo de fora é reflexo do nosso mundo interior.

39

Quantas vezes procuramos consertar o que está fora de nós, sem arrumar o que vai mal por dentro!

Precisamos nos conhecer melhor, detectar nossos potenciais, descobrir nossos pontos fracos, aceitar quem somos e se esforçar para não permitir que nossas tendências inferiores nos dominem.

NINGUÉM SABERÁ

QUE TEMOS FEITO DA OPORtunidade de ocupar um espaço neste mundo, que, apesar dos seus problemas, nos possibilita tantas experiências boas, tanto ensejo de progresso material e espiritual? A gente só conhece e valoriza a felicidade quando passa por um momento oposto. Ninguém saberá ser efetivamente feliz se tudo der certo em sua vida, se não conhecer a tristeza, se não andar na companhia da solidão, se não chorar a despedida de um afeto, se não tiver seus castelos desmoronados...

Natural, portanto, que enfrentemos obstáculos, desafios, frustrações, quedas, decepções, e seria bom nos convencermos de que tais situações acabam compondo a argamassa da nossa felicidade.

JUNTANDO OS PEDAÇOS

AO NOS RECONHECERMOS com imperfeições desagradáveis, o primeiro passo é nos aceitarmos como somos.

A falta de aceitação impede que eu trate minha sombra e que possa me amar hoje como estou, mesmo sabendo que, por dentro, não sou tão bonitinho, agradável, iluminado como aparento ser por fora.

41

Só o amor é capaz de juntar os pedaços de nós mesmos, sobretudo os pedaços mais opostos e os mais quebrados.

Ninguém transforma o que não aceita!

NOSSO RECADO!

POUCO TEMPO ANTES DE DEsencarnar, Chico Xavier disse aos amigos: "Meu recado foi dado. Não arruinei ninguém. Não maltratei ninguém. Não feri ninguém. Não reclamei de ninguém. Meu recado está dado. Agora estou pegando o bilhete de volta."

42

Refletindo a respeito, eu me pus a pensar em que tipo de recado deixaremos ao mundo quando for a nossa vez de pegar o bilhete de volta.

Pensemos nisso, mas pensemos agora, pois ninguém sabe quando o trem da vida vem nos buscar.

VIAJARAM

A MORTE NÃO NOS LEVA AO vazio, ao nada. Quem regressou não perdeu seu olhar para quem ficou, da mesma forma que os que ficaram não devem perder o olhar de esperança sobre a nova vida que se abre aos que viajaram antes de nós.

Jesus, antevendo a sua morte, procurou tranquilizar os discípulos, dizendo que, na casa do Pai, havia muitas moradas, e que ele prepararia um lugar para que todos estivessem juntos

Eu só posso crer que Jesus, que um dia nos prometeu vida em abundância, tenha preparado um lugar onde essa vida palpita muito mais bela, intensa, verdadeira, amorosa e com novos caminhos de expansão do nosso espírito imortal.

EXPANDINDO A ALMA

NÃO PODEMOS VIVER APEnas para a satisfação dos nossos instintos.

A manutenção do corpo é importante, mas o cultivo da alma é vital para a nossa felicidade. Cultivar o que é bom, belo, nobre e justo é fundamental para nos tornarmos seres humanos melhores. Precisamos fugir da brutalidade que nos aproxima das feras.

A elevação dos sentimentos é uma experiência que começa

dentro de nós. Ser é sentir; e o ápice dos sentimentos é o amor.

O amor começa na amizade, no afeto, na compaixão, na ternura. Viemos a este mundo, ainda tão carente e materializado, exatamente para aprendermos a cultivar a nobreza, a beleza, a bondade e o amor. Eis a missão mais importante da nossa vida!

ESPINHOS

NÃO PODEMOS PERMITIR que nossas vidas sejam consumidas pelo espinho da insatisfação!

Se não estamos satisfeitos com a vida que temos, é nossa obrigação retirar os espinhos e encontrar um jeito melhor de fazer as coisas que até agora não deram certo, ou mesmo avaliar se já não é o momento de pensarmos em novas estradas...

O que não devemos é nos tornar colecionadores de queixas de que a vida deveria ter sido melhor conosco e, com isso, perdermos a nossa breve passagem pela Terra. Falta de sorte ou de atitude?

PRIMEIRO ABENÇOAR

OS PENSAMENTOS NEGATIvos, o coração avinagrado pelo ressentimento, a mente tomada pela revolta, o espírito abatido pelo vitimismo, a falta de confiança em nós mesmos, a ausência de amor-próprio, a crença num destino de fracassos, a maledicência, a vingança, a intolerância, a indiferença à dor alheia; tudo isso cria um campo energético contrário às bênçãos que nos são enviadas pelos que nos amam.

Para ser abençoado, é preciso, primeiro, abençoar.

Para receber é preciso dar. Para ser amado é preciso amar. É da lei.

ALIMENTO DA ALMA

ASSIM COMO O ALIMENTO fornece a energia indispensável à sobrevivência do corpo, a oração é poderoso alimento para a alma, pois, através dela, nos ligamos a Deus, e o Pai nos dará o "pão nosso de cada dia", conforme nos ensinou Jesus.

Nenhuma oração fica sem resposta. Nossos pedidos são recebidos por Mensageiros de Luz que os analisam segundo os critérios da sabedoria divina.

Nem sempre o que pedimos representa um efetivo bem para a nossa caminhada. Daí por que sempre é bom lembrar daquele ensinamento de Jesus, quando formulou a oração do Pai-Nosso: “Senhor, seja feita a sua vontade”.

TODA SOLUÇÃO DAS DIFICULdades, em geral, começa pelo desejo de mudança!

Um desejo que não se limita a um querer inativo, mas à tomada de atitudes que concretizem a vontade de sair do fundo do poço, de não mais ficar sentado à beira do caminho.

48

Jesus sempre estará ao nosso lado nos ajudando, mas esperando a nossa parte, a nossa vontade, o nosso esforço de vencer o problema, cuja causa, muitas vezes, está dentro de nós mesmos! Jesus anseia nos socorrer! Ele aguarda, no entanto, as obras da nossa fé!

INCLUIR PARA AMAR

O AMOR INCLUI O OUTRO EM seu projeto de vida. O egoísmo o exclui!

E, quando excluímos, quando pensamos exclusivamente em nosso próprio bem, não conseguimos sentir a felicidade genuína e sustentável, porque ficamos intoxicados de nós mesmos.

A felicidade não consiste apenas em ter coisas, mas, sobretudo, em ser gente, ser humano, com sua característica mais bela, que é o dom de amar e ser amado.

Um simples sorriso endereçado a quem está triste é capaz de inundar a nossa alma da presença de Deus.

UM NOVO DESTINO

ALTERAMOS A ROTA DA NOSsa vida com a mudança dos nossos pensamentos, palavras, sentimentos e ações.

É assim que criamos um novo destino, um novo amanhã, que nada mais é do que a consequência das sementes que estamos plantando hoje, assim como o "hoje" é fruto das sementes do "ontem".

50

Os problemas de hoje representam as informações que chegam do nosso passado com a finalidade de nos alertar para as mudanças que precisamos fazer, a fim de criarmos um futuro melhor. Nosso destino só muda quando mudamos.

E isso pode começar agora mesmo!

SEM ACEITAÇÃO DA REALIDA-de, eu não consigo aprender o que necessito, eu não consigo parar de formular a angustiante pergunta: "por que é que isso foi acontecer comigo?".

Melhor será se indagar: "para que fim isso aconteceu?". "O que a vida está querendo me ensinar? Que habilidade a vida está me treinando?"

51

Se não der atenção a essas perguntas, se não aceitar a direção que a vida tomou e fazer o que é preciso para seguir adiante da melhor forma possível, não farei os aprendizados necessários, e ficarei retido no mesmo estágio. Não perca o objetivo da sua viagem. Sempre é tempo de aprender, melhorar e progredir na escola da vida. É para isso que estamos aqui!

BOM ÂNIMO

HÁ TRECHOS DA NOSSA CAminhada pela vida em que nos sentimos sozinhos e desolados. Impossível evitar esses momentos, pois ninguém passa pela vida sem experimentar dores, decepções e perdas de toda ordem.

Talvez você esteja passando exatamente agora por esses pedaços do caminho. Mas, embora se sentindo sozinho, Jesus sempre estará conosco quando estivermos com o coração cheio de fé e de esperança. Não estaria o Mestre falando a nós através dessas páginas?

Agora mesmo, sentindo-o próximo a nós, podemos ouvir suas palavras de luz: "Tende bom ânimo! Eu estou aqui. Eu venci o mundo e você também vencerá seus desafios! Me dê a sua mão e vamos seguir em frente."

DORES QUE SE REPETEM

HÁ QUE SE APRENDER COM as experiências de vida, sobretudo com aquelas que nos trouxeram dificuldades e dores.

Os problemas giram em torno de nossas necessidades de evolução. A vida é uma escola, e, no conhecimento do nosso mundo íntimo, vamos encontrar as principais lições que muitas vezes nos recusamos a enxergar.

53

Por isso, vivemos repetindo as nossas dores enquanto não tivermos o propósito de curá-las. Ouvir o nosso mundo íntimo faz com que a vida deixe de ser repetitiva, faz com que cada um a renove todos os dias, escolha novos caminhos, desapegue-se de suas dores, exorcize seus fantasmas.

CONVIVER

JOSH BILLINGS, ESCRITOR norte-americano, escreveu que a solidão é um lugar bom de visitar uma vez ou outra, mas ruim de adotar como morada.

É saudável fazer amigos e manter amizades. Conviver é terapêutico, faz bem à alma e à saúde, prolonga e dá sentido à vida.

Aprender a conviver bem implica aprender a conversar,

aprender a ouvir, aprender a aceitar, aprender a amar.

A boa convivência implica na necessidade de diminuir o nosso ego, pois do contrário não há espaço para o outro. Aprendemos a encontrar Deus no outro. Deus não mora em templos, mora no coração do homem. A solidão nos afasta de Deus. A amizade nos aproxima dele.

PEQUENOS MILAGRES

DISSE O APÓSTOLO PAULO: "Aprendi a contentar-me com o que tenho". E isso inclui: contentar-me com o que sou, com o que posso, com os meus limites, com as minhas possibilidades, com os meus desafios, com as minhas lutas, com as minhas vitórias e com as minhas derrotas.

Em tudo dou graças porque, se não é conquista, é aprendizado. O contentamento me inclina a apreciar a vida com mais atenção, perceber os pequenos milagres que nos acontecem todos os dias como acordar, levantar, respirar, banhar-se, tomar um café, ouvir uma canção, ler um poema, abraçar, cantar, andar, trabalhar, comer, rezar, dormir...

Quanta coisa boa, não?

MAIS NÓS

VIVER SOMENTE PARA SI NOS desgasta e adoece.

Viver no amor nos abastece, revigora, nos realiza, traz plenitude e, assim, nos cura da maior doença que acomete o ser humano, que é o egoísmo. Quando nos aproximarmos do fim da vida, tenho certeza de que não iremos nos perguntar sobre o saldo de nossa conta bancária, mas o quanto teremos ou não preenchido nossa vida com amor.

Precisamos esquecer um pouco de nós e começar a também pensar nas necessidades do outro. Menos "eu" e mais "nós".

É assim que vamos nos desintoxicando de nós mesmos...

A PRIMEIRA ETAPA

O PLANETA TERRA É NOSSA escola de desenvolvimento espiritual, e em toda escola existem lições que precisamos assimilar e testes de verificação do nosso aprendizado.

Quem foge da escola não aproveita os benefícios de progresso e melhoria que o estudo assimilado proporciona ao aluno aplicado.

57

Não há caminhos na vida sem obstáculos! A aceitação dos nossos problemas representa a primeira etapa da solução que haveremos de encontrar, caso não fiquemos prisioneiros da apatia ou da rebeldia.

A aceitação é a chave que nos liberta dessa prisão!

OLHANDO NO ESPELHO

O GRANDE DESAFIO PARA nós é assumir a responsabilidade por tudo o que acontece em nossa vida, mesmo que, em certas situações, não sejamos o causador direto do problema.

Não importa muito encontrar o culpado; adianta, sim, encontrar o responsável. E, sinceramente, eu não consigo encontrar pessoa mais indicada para isso do que aquela que vemos quando nos olhamos no espelho. Mesmo diante da culpa de terceiros, eu preciso continuar me perguntando: o que eu farei de positivo com o que os outros fizeram comigo?

Em nenhuma hipótese, devo abrir mão da responsabilidade sobre a minha vida!

NEM BERÇO, NEM TÚMULO

A ATUAL ENCARNAÇÃO É UMA das etapas da nossa caminhada pela eternidade. Já tivemos várias, e, por certo, outras tantas nos aguardam. Essas etapas estão interligadas umas às outras, de modo que nosso passado espiritual se reflete na nossa realidade de hoje, tanto quanto o nosso futuro, nas fases subsequentes, terá o colorido das tintas usadas na atual experiência.

59

Nossa vida não começa no berço, nem termina no túmulo!

Somos passageiros da eternidade, porém o nosso melhor tempo é o agora, pois hoje poderemos retificar o passado e construirmos um amanhã melhor.

AMAR A SI MESMO

ACREDITO QUE A RAZÃO PEla qual ainda estamos tão distantes da vivência do amor entre os homens seja porque a maioria ainda não se ama; dessa forma, não tem para dar o que não tem nem para si mesmo.

Durante muito tempo, acreditou-se que amar a si mesmo levava o indivíduo ao egoísmo. O egoísmo, no entanto, é a ausência do amor, porque o egoísta exige do mundo o que ele não dá a si mesmo.

Por essa razão, o egocêntrico é um grande cobrador, ao passo que o indivíduo que ama é um grande doador!

Eu não conseguirei amar o próximo se não me considerar como o próximo mais próximo de mim mesmo.

MAIS CONTENTAMENTO

AS GRANDES EXPECTATIVAS, geralmente, terminam em desilusões.

Não digo para viver sem esperas, mas viver com mais contentamento pelo que é, e não pelo que um dia pode vir a ser.

A gente espera muito das coisas e das pessoas, como se vivêssemos num mundo em que tudo deveria ser absolutamente perfeito.

61

Quem condiciona a felicidade ao ilusório momento em que tudo na vida estiver correndo na mais perfeita ordem se tornará uma pessoa infeliz.

Não esperar pela felicidade completa é a porta que nos abre para a felicidade possível, que, aliás, não é pouca felicidade.

ESTAR COM VOCÊ

RESERVE ALGUNS MOMENTOS diários para estar com você, para silenciar seus pensamentos acelerados, para escutar sua alma, ouvir sua voz interior.

Avalie como tem tratado a si mesmo e como tem sido seu comportamento com os outros.

Tem sido amável? Tem sido paciente? Tem se motivado a superar seus desafios? Tem encorajado as pessoas a vencerem suas dificuldades? Consegue perceber seus pontos fracos e fazer o possível para não ser dominado por eles?

Tem retirado todo o lixo emocional das mágoas e rancores do seu mundo íntimo? Vale a pena investir cada minuto em nossa vida interior. É lá que começa a felicidade.

UM SANTO REMÉDIO

NÃO HÁ DOR QUE SE ETERNIZE. Depois do ponto mais escuro da noite, surge a alvorada de um novo dia.

Depois do inverno, nasce a primavera. Só o bem é eterno, porque o bem vem de Deus, e Deus não criou o mal. O mal é criação do homem, fadado a desaparecer tão logo a criatura vá se despoluindo de suas negatividades.

A esperança é um santo remédio. Ela nos faz ver que todo

problema é passageiro, e esse olhar traz alívio ao nosso coração aflito.

Mas para ser eficaz, a esperança tem que ser ativa, isto é, não pode ser a esperança simplesmente do verbo esperar, mas deve ser a esperança que, enquanto aguarda um amanhã melhor, vai atrás dele, levanta-se e trabalha pelos resultados esperados.

É FÁCIL DEDUZIR

COMO O HOMEM SE TRANSforma naquilo que ele pensa, é fácil deduzir que as chances de superação dos revezes dependem da forma como os interpretamos.

O olhar mais positivo, otimista e, por isso, confiante, aquele que encara as crises como oportunidades de crescimento, nos predispõe a enfrentarmos as tempestades com força redobrada, com a fé que remove montanhas, com o pensamento voltado para as soluções que haveremos de encontrar.

Além do mais, o otimismo, por nos tornar mais simpáticos e agradáveis, atrairá pessoas boas ao nosso convívio, e isso será também importante fator de apoio emocional nos momentos de turbulência.

SUA FELICIDADE

QUANDO TRABALHO PELA felicidade do próximo, eu também me sinto feliz, porque, de alguma forma, eu também sou um necessitado, carente em certas situações, e, quando ajudo alguém a superar as suas dificuldades, estou também me ajudando a superar as minhas.

O amor que dou é o amor que sinto. A força que transmito é a força que me levanta. O sorriso que ofereço ao outro é o sorriso que me cura da tristeza. O pão que dou ao necessitado mata a minha fome de amor. O perdão que concedo ao agressor dissolve as minhas agressões.

Na lógica do Evangelho, o que faça ao outro, faço a mim mesmo.

ISSO É HUMANO!

ACEITAR NOSSOS ERROS É aceitar a nossa humanidade. Não os aceitar é ser desumano conosco e, por consequência, com o próximo.

Nem sempre se acerta, nem sempre conseguimos fazer o nosso melhor, isso é humano!

Como afirma William James: "Estranhamente, ficamos com o coração extremamente leve uma vez que tenhamos aceitado de boa-fé nossa incompetência em determinada área."

A humildade nos ajuda a reconhecer que ainda somos frágeis, não conseguimos ser o super-herói 24 horas por dia.

E somente quando me aceito é que consigo transformar algo dentro de mim.

FAZENDO POR SI

É PRECISO ATENDER ÀS NOSsas carências, amar o "pobre" que mora dentro de nós, pobre de afeto e de consideração.

Amiúde, esperamos que alguém o alimente. Nem sempre, porém, isso acontece. Não raro ficamos na espera do amor alheio, nada fazendo por nós mesmos. Surge, então, o estado de carência de afeto, de falta de apoio próprio, de autopreservação, de amor por si mesmo.

67

Essas carências não atendidas se expressarão amanhã em forma de doenças físicas e emocionais.

O mais indicado é que cada um não esqueça do "pobre" que mora dentro de si, e não o deixe faminto. Seja capaz de doar amor a si mesmo, todos os dias.

BOM ALUNO

SOMOS ALUNOS NA ESCOLA da vida, e os problemas são nossos mestres disfarçados. Nada de fugir das aulas, fazer greve ou campanha para afastar o professor...

Com paciência, determinação e entendimento de que a chegada de todo e qualquer problema é hora de promoção, vamos retirando as pedras do nosso caminho e nos surpreendendo com o fato de que, bem debaixo delas, há muitos tesouros escondidos.

Sejamos um bom aluno na escola da vida! Isso nos levará à vitória!

SOMENTE NÓS

SOMOS A PESSOA MAIS INDIcada a encontrar a saída para os nossos problemas.

Ainda que alguém possa facilitar esse processo, como um amigo, familiar, terapeuta ou religioso, somente nós poderemos descobrir a trajetória que fizemos para chegar até o momento difícil em que nos encontramos.

69

E assim será mais fácil encontrar o caminho da volta. Do mesmo jeito que eu ne perdi, sou capaz de me achar. Da mesma forma que adoeci, sou capaz de me curar. Da mesma maneira que me abandonei, sou capaz de me resgatar.

As Forças Divinas iluminarão o nosso percurso, mas a caminhada é por nossa conta.

DÍVIDAS DE AMOR

PRECISAMOS NOS ACAUTELAR contra o nosso imediatismo, a nossa ansiedade de querer tudo resolvido do dia para a noite, sobretudo no campo dos relacionamentos.

Se, na Terra, muitas vezes, levamos anos a fio para quitar o financiamento da casa própria, imagine quanto tempo não levaremos para saldar nossas dívidas de amor para com os semelhantes! Temos compromissos assumidos há séculos que não serão solucionados em dias ou meses.

Há situações em que precisamos do concurso do tempo. E não há vitória sem a colaboração da paciência!

EM NOSSAS MÃOS

JESUS AFIRMOU QUE CADA UM de nós receberia de acordo com as suas atitudes.

Esse é um dos grandes ensinamentos espirituais que a humanidade recebeu. Pensar no destino como obra da sorte ou do azar é achar que Deus fez do mundo uma grande loteria.

Somos a consequência daquilo em que acreditamos, somos o resultado das nossas escolhas, somos herdeiros da nossa inércia ou do nosso esforço.

71

Nós estamos onde nos colocamos! Hoje, somos o fruto de tudo aquilo que fizemos de nós mesmos! A criação do destino está em nossas mãos, e pode começar a mudar agora mesmo, a depender das nossas escolhas.

O DIVINO EM NÓS

NOSSOS ESFORÇOS DEVEM convergir para o cultivo crescente do espírito divino em nós, o deixar brilhar a nossa luz, como orientou Jesus. Nossa vontade deve estar dirigida para esse propósito. A oração e a meditação diárias são grandes aliadas na percepção da nossa natureza sagrada. E a prática da caridade mostrarão as obras da nossa fé.

A expansão do divino em nós vai diminuindo a circunferência do egoísmo, vai aumentando a nossa luz e fazendo diminuir a nossa sombra.

Cada minuto deste dia, cada encontro, cada tarefa e cada respiração são oportunidades de expressarmos o nosso amor.

Concentre-se nesse divino propósito.

POR ESSA RAZÃO

A NOSSA CONSCIÊNCIA NÃO nos deixará em paz enquanto alguém chorar ou sofrer por algum mal que lhe tenhamos causado.

Por essa razão, Jesus falou da importância da reconciliação com os nossos adversários, pois sustentar desafetos representa um grave entrave ao nosso progresso, nos diversos níveis da nossa existência.

73

Ninguém avança para a luz carregando dívidas na retaguarda. Vamos buscar essa reconciliação, se possível ainda hoje, pois ninguém sabe por quanto tempo ficaremos por aqui.

Desculpar ou pedir desculpas, reparar o erro, ajudar quem prejudicamos, orar pela felicidade deles, tudo isso são formas concretas de reconciliação, à nossa pronta espera.

GAIOLA

PRECISAMOS APRENDER A apreciar mais as pessoas enquanto elas estão ao nosso lado, sem o desejo de possuí-las como se fossem propriedades nossas, sem a pretensão de que elas se tornem à nossa imagem e semelhança. Viver sem apego é viver em harmonia com as leis espirituais da vida.

74

Tudo é transitório, cada pessoa tem uma individualidade própria e em constante processo de mudança.

Quando colocamos a gaiola, o amor desaparece, vem a possessividade, acaba a alegria.

O amor precisa de espaço para crescer, assim como a música precisa do espaço entre as notas que a compõem...

UMA CARTILHA

NINGUÉM SERÁ MADURAMENTE feliz isolando-se dos outros.

Desenvolver uma competência emocional para aprender a conviver bem com as pessoas é uma das tarefas mais importantes da nossa vida, pois a felicidade está mais associada aos nossos relacionamentos do que propriamente aos bens materiais. Uma possível "cartilha" do bem conviver passa pela necessidade de diminuirmos a circunferência do nosso individualismo, sem que isso signifique a perda da nossa individualidade.

A redução do nosso egoísmo é vital para que o próximo também faça parte do enredo de nossa vida, em cujo palco a felicidade é encenada com a arte da convivência.

NOSSA CRIANÇA INTERIOR

UM BOM MÉTODO PARA O exercício do autoamor começa pelos cuidados com a nossa "criança interior".

Os adultos geralmente são dirigidos pelos traços positivos ou negativos vindos da infância.

É possível que a nossa criança de ontem esteja chorando por não ter recebido o amor, a atenção e os cuidados que precisava. É chegado o momento inadiável de cuidarmos dela!

76

Se pegarmos amorosamente a mão da nossa criança, começará a fase mais bonita da nossa vida! Procure dar o que ela sente que lhe faltou na infância.

Diga a ela que não importa o que aconteceu ontem, importa o que ela pode construir de bom hoje, e que você estará ao lado dela para viverem dias melhores, aqui e agora.

TRÊS MEDICAMENTOS

MUITAS VEZES, QUANDO UM problema nos tira a tranquilidade, entramos em faixas de desânimo, tristeza, desespero e apatia.

A treva pede a presença da luz, assim como a ferida pede remédio para cicatrizar.

O Apóstolo Paulo receitou três medicamentos de grande eficácia para as nossas crises:

Alegria na esperança (amanhã será melhor).

Paciência na dor (toda dor tem hora certa para acabar).

Perseverança na oração (a prece nos dá forças para lutar).

Façamos uso diário dessa receita!

EMBARCAÇÃO

É IMPORTANTE NÃO PERDER de vista que somos passageiros nesta embarcação chamada "Planeta Terra".

Não ficaremos aqui para sempre. Para cá viemos a fim de nos submetermos a experiências que promovam a educação do nosso ser imortal.

As dificuldades que enfrentamos em nossa jornada estimulam o desenvolvimento dos potenciais de nossa alma.

78

Cada problema uma lição, cada dificuldade um degrau de ascensão.

Cada um de nós recebeu talentos que não devem ficar enterrados pelo medo, pela revolta ou pela inércia.

Dê conta da sua obra!

NÃO ADIANTA

CULTIVAR O ÓDIO É ANDAR contrariamente ao fluxo do movimento de paz criado por Deus.

Eu até posso ter alguma razão para odiar uma pessoa, mas não me convém ficar com esse sentimento de aversão. Isso é um veneno em minha vida!

Não dá para pensar em uma vida feliz, saudável e próspera, com o ódio incendiando o nosso coração!

79

O ódio não muda a situação dolorosa, e aprofunda cada vez mais o espinho que nos fere.

Tiremos o mais breve possível esse veneno que circula em nosso corpo físico e espiritual. O perdão é um eficiente remédio!

ONTEM E AMANHÃ

VIVEMOS TÃO PRESOS PELAS ocorrências do ontem e pelas expectativas do amanhã, que, comumente, esquecemos de viver o hoje!

Vivemos num compasso de espera, tendo nos ombros as frustrações do passado e as ânsias do futuro.

Enquanto isso, as horas do agora passam, sem nenhum aproveitamento real de nossa parte.

80

Não percebemos que o grande milagre de nossa vida acontece todos os dias, quando acordamos: é o estoque das horas ao nosso dispor, para aplicá-lo na construção da nossa felicidade.

O tempo é o maior tesouro que Deus nos oferece, contudo, muitas vezes, deixamos o tempo escorrer pelas nossas mãos.

SEJA VOCÊ

APRECIE A PRÓPRIA COMPANHIA! Procure escutar os próprios sentimentos e atendê-los tanto quanto lhe for possível.

Não queira ser outra pessoa que não você! Ninguém pode ocupar o seu espaço, porque você tem uma originalidade intransferível e inimitável.

81

Aceite-se como você é, mas tome conhecimento da sua escuridão e, aos poucos, a verdade te iluminará.

Seja inteiro, acolha suas partes frágeis com amor e você se tornará cada vez mais forte.

DOIS PASSOS

QUANDO NOS LANÇAMOS À crítica excessiva aos outros, julgando-os, denegrindo-os, jogando-lhes pedras, estamos apenas projetando, por outros fatos, as culpas que carregamos e não aceitamos em nós mesmos.

Para sairmos desse mecanismo perturbador, precisamos dar alguns passos importantes. O primeiro deles foi aconselhado por Jesus: "repara primeiro na trave que está no teu olho".

82

O segundo passo para a conquista da nossa paz é aceitarmos as nossas culpas. Aceitar não significa validar o erro cometido. Significa, apenas, que aceitamos a nossa condição humana ainda imperfeita.

Isso nos tornará mais humildes e compassivos conosco e com o próximo.

INUNDADOS PELO DIVINO

QUANDO CHEGAMOS AO âmago de nós mesmos, somos inundados pela presença do divino, e, aí, já não sentimos mais carências, já não temos mais buracos, pois o amor nos leva à plenitude!

E, assim, nossas relações com os outros também são tocadas por essa onda de luz que surge da nossa fonte interior. É a autodescoberta de quem somos, não apenas das nossas imperfeições momentâneas, mas, sobretudo, da nossa essência divina, do ser imortal, da centelha de luz, do amor em nós!

LÁ E AQUI

DO JEITO QUE ESTIVERMOS na experiência física, acordaremos no mundo espiritual.

E, do jeito que estivermos lá, despertaremos aqui, pelas portas da reencarnação! Para o Espírito, não há mudanças bruscas pelo simples fato de mudar de plano de existência.

84

Nossa evolução espiritual é feita passo a passo, sem saltos mirabolantes, embora ninguém deva permanecer estacionado nas próprias imperfeições.

Vale a pena, então, refletir seriamente nesta síntese espiritual: "Nascer, morrer, renascer ainda, progredir sempre, tal é a lei."

CONVERSÃO

DE NADA ADIANTARÁ PARTIcipar das reuniões espirituais nos templos de nossa fé, sem que haja uma readequação do nosso comportamento, segundo aquilo que Deus espera de cada um de nós e que Jesus tão bem expressou no mandamento maior do "amar ao próximo como a nós mesmos".

A isso chamamos de "conversão", um processo espiritual que nos chama para deixarmos a rua acidentada das negatividades do egoísmo e do orgulho, para ingressarmos na estrada pavimentada do amor e do bem viver.

Essa estrada é longa, mas podemos começar a dar os primeiros passos agora mesmo e recolher os seus frutos doces desde já.

DÊ UM DESCONTO

PRATIQUE ACEITAÇÃO, TOLErância e paciência, diariamente.

Chore quando tiver que chorar, mas, depois, enxugue as lágrimas, siga adiante e não olhe mais para trás, porque a vida é um rio que corre para o mar.

86

Dê um desconto à incompletude da vida, das pessoas e de você mesmo.

A vida nunca será inteiramente o que desejamos, mas ela é perfeita no que tem de ser.

Ficar de mal com a vida não fará com que ela mude para nós.

UM DRIBLE

ATITUDES COMO SIMPATIA, delicadeza, doçura, gentileza, afabilidade, brandura e perdão são interruptores de luz que iluminam nossos relacionamentos.

Tais atitudes são como um drible, com o qual neutralizamos ou, pelo menos, minimizamos os inevitáveis atritos que a convivência humana produz.

87

Hoje em dia, em nome da defesa de nossos interesses, estamos nos tornando agressivos, azedos, irritadiços, grosseiros, mal-educados muitas vezes.

Tal maneira de proceder não ilumina nossa vida; apenas faz explodir bombas de ódio que machucam a todos, a começar de nós.

O CAMINHO É VOLTAR

TEMOS ANDADO LONGE DO Reino de Deus, que está dentro de nós, como disse Jesus. Benditos são os que cultivam a humildade, a misericórdia, a paz e a pureza de coração.

O caminho é voltar para a casa do Pai, voltar para o nosso interior e descobrir que o amor já está em nós, ou melhor, que o amor somos nós!

⁓ 88 ⁓

Devemos parar de buscar a felicidade lá fora e no depois. Não moremos mais longe da nossa essência. É hora de sairmos do controle do ego para sermos guiados pelo amor.

Se não fizermos voluntariamente esse percurso, a dor, cedo ou tarde, fará ruir as ilusões do ego dominador.

OÁSIS DE FELICIDADE

O FATO DE DESPERTARMOS todas as manhãs, de termos a liberdade para dirigir a nossa vida para onde desejarmos, de sentirmos que estamos participando do espetáculo da vida através dos nossos talentos, e não apenas como seus espectadores, de desfrutarmos a companhia de pessoas agradáveis, de termos um dedo de prosa com um coração amigo, de ainda nos emocionarmos com uma canção, de nos encantarmos com uma flor, de nos extasiarmos com um céu estrelado – tudo isso representa um oásis de felicidade, para o qual, na maioria das vezes, estamos desatentos.

É preciso ter olhos de ver, disse sabiamente Jesus.

CURA REAL

QUANTOS REMÉDIOS O MÉdico Jesus prescreveu para a prevenção e a cura das nossas enfermidades!

O amor, o perdão, a humildade e a caridade são excelentes terapias para a alma, refletindo seus benefícios no corpo.

Muitos, no entanto, procuram, em vão, o auxílio da medicina da Terra e do Céu, aspirando à cura, sem, no entanto, olharem para si mesmos e reconhecerem como estão se ferindo com o veneno de mágoas, ódios, culpas, complexos de inferioridade e falta de aceitação da vida.

Dificilmente tais pessoas encontrarão a cura real, porque elas ainda não despertaram para a cura interior. A vivência do Evangelho é profilaxia da alma!

CRÉDITO E DÉBITO

UM DIA NÃO VIVIDO É UM DIA perdido; ele sai da conta-corrente da nossa vida e não volta mais.

Ninguém fica com crédito por não aproveitar os seus dias; aliás, fica com um débito, chamado “frustração existencial”.

Para que não fiquemos com esse saldo devedor, é bom olharmos para aquilo que normalmente devora os nossos dias: a preguiça, a procrastinação, o medo, a queixa, a revolta e o vitimismo.

Ajuda muito pensarmos que nós somos os únicos responsáveis pela nossa felicidade. Se não cuidamos dela, como o jardineiro que zela pelo seu jardim, ninguém tem a obrigação de cuidar das nossas flores.

MUDAR PARA EVOLUIR

TODO CRESCIMENTO GERA desconforto, diante da necessidade de mudar, de desapegar-se do que nos faz sofrer, de abandonar a preguiça, de enfrentar o medo do novo, de modificar aspectos negativos da personalidade, do custo emocional que todo amadurecimento exige de cada um de nós.

92

Sem experimentar algum tipo de dor, quase ninguém evolui, quase ninguém se mexe, quase ninguém muda. E, sem mudança, não há evolução, e sem evolução não haverá felicidade!

Toda mudança traz alguns incômodos, não há dúvida; mas resistir a ela incomodará muito mais.

DEUS ESTÁ ABENÇOANDO

QUANDO FAÇO ALGO ERRA-do, a reprovação que vem do outro pode, muitas vezes, me machucar, afetar a minha autoestima, fazendo com que a imagem que faço de mim estremeça.

Quando isso acorrer, a proposta é lembrar que, se alguém está atirando pedras em mim, Deus está me abençoando. Isso não quer dizer que Deus esteja aprovando meus erros. Mas também não está fazendo coro com os que me apedrejam.

Como um pai amoroso, Ele está me abençoando, dizendo algo assim: “Ei, você não se saiu bem dessa vez, mas levante-se e tente outra vez, você é capaz de fazer melhor; estarei aqui, torcendo por você, meu filho!”

COMO REAGIMOS

NA VIDA, NÃO IMPORTA TANto o que nos acontece, mas, sim, como reagimos ao que nos acontece. A maneira de reagirmos pode nos levar à derrota ou à vitória sobre as dificuldades.

Basicamente, temos duas maneiras de reagir às adversidades. A primeira delas é a que tende para um olhar pessimista, mais dramático, que potencializa a dificuldade e minimiza a nossa capacidade de enfrentamento e superação do obstáculo.

A outra forma de reagir, acentua um olhar mais positivo e mais otimista sobre os desafios da vida. Ela não ignora o problema, mas não lhe dá uma dimensão maior do que possui, não anula a nossa capacidade de enfrentamento da prova, e acredita firmemente que sempre há uma saída. Qual tem sido a nossa escolha?

O SAGRADO FEMININO

MARIA DE NAZARÉ, A MÃE de Jesus, representa para mim a força do Sagrado Feminino, expressando um conjunto de virtudes como o afeto, o acolhimento, a doçura, a generosidade, a delicadeza, o perdão, a flexibilidade, a habilidade de juntar pessoas, a capacidade de sentir a dor do outro e de fazer algo por ele. O mundo masculino, essencialmente lógico, racional, competitivo, calculista, interessado na eficácia e no poder, por si só, não está sendo capaz de fazer da Terra um lar feliz para todos.

O mundo precisa ser curado pelo Sagrado Feminino que está na natureza de cada habitante deste planeta, homens e mulheres, e que tem em Maria de Nazaré a inspiração da Serva do Amor.

A MORTE É NOSSA PROFESSORA

A MORTE PODE SER COMPArada a uma professora que nos ajuda a refletir sobre o que é essencial na vida.

Será que estamos vivendo por aquilo que é primordial ou será que estamos matando a existência por aquilo que é secundário?

Quando pensamos na morte, sem morbidez, somos levados a pensar na eternidade de cada momento, de cada encontro, de cada oportunidade.

96

Por incrível que pareça, a morte nos faz valorizar a vida; ela nos aconselha a não gastar o tempo com ninharias, com rancores, com o apego a coisas e situações que, a qualquer hora, teremos que deixar por aqui. Pensar na morte me ajuda a viver melhor.

LEMBRE-SE

ORE, MEDITE, FAÇA MAIS SILÊNCIO, aquiete a sua mente, sinta sua respiração, contemple sua riqueza interior, cuide de suas feridas, seja uma boa companhia para si mesmo, leve-se para passear, admire as belezas da vida, sinta-se parte integrante da natureza divina, varra o lixo que entrou em sua casa interior, recicle-se, areje as ideias, pratique o bom-humor, aventure-se e não se compare a ninguém...

Lembre-se sempre de que a passagem pela Terra é relativamente curta, e que, entre o nascer e o morrer, a chegada e a partida, o mais importante é o caminho que fazemos.

O DESASTRE NÃO É ERRAR

A AUTOACEITAÇÃO PROMOVE uma integração do nosso ser; sentimo-nos inteiros, não condenados, mas perdoados, porque já não temos máscaras para nos escondermos.

A partir do momento em que, verdadeiramente, nos aceitarmos, não teremos mais que condenar o próximo para camuflar nossos erros, porque o traço da imperfeição humana também está em nós.

98

E, sem aceitação, nenhuma mudança se estabelece, pois caímos fatalmente na justificação dos nossos erros ou na negação deles.

E isso é o caminho direto para o fracasso existencial! O desastre não é errar, mas, sim, não admitir os erros e não os corrigir!

A ÚNICA VIRTUDE

A MELHOR PROTEÇÃO ESPIritual é ser bom; o melhor tratamento espiritual é a bondade.

Caridade, única virtude capaz de mudar os nossos destinos na Terra.

Quando nos lançarmos a esse trabalho de renovação interior, e se formos perseverantes, pouco a pouco, as portas da nossa prisão irão se abrir para desfrutarmos a liberdade de amar e ser feliz! Allan Kardec afirmou que fora da caridade não há salvação, isto é, salvação do sofrimento que o egoísmo nos impõe.

Não é a religião que nos salva, é o amor praticado em forma de caridade!

COMPANHIA DE DEUS

VOCÊ JÁ DEVE TER VIVIDO momentos em que se sentiu abandonado por seus melhores amigos ou familiares.

No entanto, na hora da nossa solidão, Deus nos faz companhia. No momento em que o mundo nos vira as costas, Deus está bem diante de nós. Mas lembre-se de que encontraremos Deus no coração do outro que também sofre.

100

Se você se sente só, seja solidário a quem se encontra solitário, e assim Deus aquecerá o seu coração! Se você está chorando, console alguém que também chora, e Deus enxugará as suas lágrimas. Se você se sente fraco, encoraje quem está mais caído do que você, e Deus te levantará.

Quem está em Deus, nunca está sozinho.

ESTAMOS FAZENDO ISSO CONOSCO?

QUEM PERDE TEMPO COM coisas sem importância, quem amaldiçoa suas horas e não as aproveita para ser feliz, quem não vê pedras preciosas em meio aos cascalhos, quem não valoriza o que tem fazendo da vida o melhor que se pode, quem faz tudo isso está morrendo antes da hora...

101

Como escreveu Cora Coralina: "Sei que alguém vai ter que me enterrar, mas eu não vou fazer isso comigo."

E nós, será que estamos fazendo isso conosco?

O AVESSO E O DIREITO

MUITAS VEZES, TEREMOS DE escalar montanhas para fortalecer nossas pernas, teremos de experimentar carências para entender os nossos excessos, haveremos de sofrer tentações para desenvolver a nossa força interior, conhecer a tristeza para compreender a felicidade, passar pela doença para valorizar a vida, enfrentar perdas para dar valor ao que já possuímos.

102

É o erro que nos leva ao caminho do acerto. É o mal que nos faz compreender a excelência do bem.

Costumeiramente, é o avesso que nos mostra o direito.

A ÁRVORE DO AMOR

CREIO QUE O VERDADEIRO amor é uma árvore sempre crescente... Quanto mais a árvore cresce, mais seus galhos se ampliam, como braços acolhedores aos que procuram o abrigo de sua sombra.

O amor tem que dar frutos; do contrário, não é amor, é sentimento egoístico, que não germina.

103

Não podemos ter um amor infantil, precisamos crescer no amor, deixar nossa árvore crescer.

Como afirmou o Apóstolo Paulo: “O amor tudo sofre, tudo crê, tudo espera, tudo suporta.”

DEUS BASTA

EM VÁRIOS MOMENTOS DA vida, acabamos sofrendo por algum tipo de conduta inesperada que as pessoas têm para conosco, sobretudo aquelas mais próximas a nós.

Esperávamos receber apoio, e fomos abandonados. Queríamos uma palavra de consolo, e o silêncio se fez nossa companhia. Precisávamos de um incentivo, e a reprovação foi a resposta que minou nossas forças.

104

O remédio espiritual para esses momentos é lembrar que, se os homens nos ignoram, Deus nos conhece, sabe o que somos e o que precisamos!

Ele é a nossa rocha e o nosso esconderijo, por isso Deus basta. Apoie-se em Deus, viva em Deus, e Ele não nos faltará!

NOSSAS MOEDAS

O CONHECIMENTO DA VIDA espiritual não se destina apenas a saber o que nos aguarda além da morte. É lição viva, que nos estimula a viver melhor hoje mesmo, enquanto estivermos no palco da vida.

Cada um levará sua bagagem para a vida no mundo espiritual, nenhum bem material nos acompanhará, apenas o bem ou o mal que fizemos, os sentimentos bons ou ruins que cultivamos.

105

Nossa mala poderá estar leve ou pesada. Cada um morre do jeito que viveu.

Encaremos nossa passagem pelo mundo mais a sério, aproveitando cada segundo da existência com espírito de amor e sabedoria, pois são as únicas moedas que valem no câmbio do céu...

O FLUXO DA EVOLUÇÃO

NÃO VAMOS MAIS CEDER AOS impulsos da revolta porque a vida não tem sido do jeito que gostaríamos!

A vida nunca pode estar contra nós, porque nós também somos a vida! Portanto, o que nos parece problema é apenas um meio de que a vida se vale para extrair de nós o melhor que ainda não soubemos oferecer.

Resistir a uma versão melhor de nós mesmos apenas

acabará nos criando mais problemas, mais dor, mais sofrimento.

Quando entramos no fluxo da evolução, a luz da vitória nos aguarda! Não a vitória sobre os outros, mas a vitória sobre as próprias imperfeições milenares, que tanto nos fazem sofrer!

O propósito é de que possamos sair melhores do que quando aqui chegamos.

SER FELIZ!

QUERER SER FELIZ É UMA aspiração natural e desejável do ser humano.

O problema surge quando se busca a felicidade nas coisas passageiras do mundo material.

A felicidade geralmente está em nossos relacionamentos, na maneira generosa com que lidamos com as pessoas, na capacidade de criar felicidade para os outros.

107

Basta imaginar que, na hora da nossa morte, não vamos querer estar cercado de ouro, mas, sim, da companhia das pessoas que amamos.

Jesus afirmou que há mais felicidade em dar do que em receber. Aí está o grande segredo da felicidade!

É PRECISO

A AUTORRESPONSABILIDADE é um dos sinais mais marcantes da nossa maturidade. Enquanto não a atingirmos, ficaremos nos comportando como crianças à espera de que papai ou mamãe descasquem a laranja para nós...

Então, se estamos certos de que algo nos faz bem, é preciso agir nessa direção, ainda que sem vontade; é preciso não adiar a felicidade para depois; é preciso domar a preguiça; é preciso enfrentar os desafios, apesar do medo; é necessário parar de se queixar da vida, não esperar que ela seja perfeita!

Enfim, é preciso sair do berço e tomar as rédeas da própria vida!

A GRATIDÃO

SEJA GRATO PELAS CONQUISTAS já feitas até hoje. Seja grato às pessoas que, direta ou indiretamente, colaboraram para a sua vitória. Ninguém faz nada sozinho.

Seja grato aos seus pais que lhe deram a oportunidade da reencarnação. Seja grato aos seus antepassados que abriram muitas portas antes de você chegar nesta existência.

109

Seja grato ao seu corpo que possibilita ao seu espírito expressar-se nesta vida.

Agradeça a todo bem que lhe ocorreu e a todo mal que não lhe sucedeu.

E agradeça, por fim, a toda dificuldade que lhe surgiu, pois através dela Deus estava reconduzindo você a um caminho melhor.

HOJE

APROVEITAR O TEMPO QUE se chama "hoje" não significa apenas lançar as boas sementes para que, amanhã, tenhamos uma colheita feliz.

Significa, também, apreciar as coisas boas que já estão conosco, para as quais, muitas vezes, estamos cegos. Não permita que as inevitáveis imperfeições da existência tirem o brilho de tantas coisas boas que acontecem a toda hora ao nosso redor.

Basta ter olhos de ver!

A VIRTUDE QUE AQUECE

ELEVAÇÃO DOS SENTIMENTOS – eis o trabalho interior de que os homens devem se ocupar para a conquista do bem-estar íntimo e coletivo.

A humanidade tem feito conquistas importantes no campo das ciências. Mas isso ainda não é o bastante para uma vida feliz!

Precisamos avançar no campo da elevação dos sentimentos!

111

A transformação nossa – e, por conseguinte, da Terra – passa pela compaixão, virtude capaz de provocar calor humano e nos ligar uns aos outros pela vulnerabilidade da nossa condição humana. Em certa medida, todos estão sofrendo. Ninguém está suficientemente bem. Por isso, carecemos de ser anjos da guarda uns dos outros.

DEGRAUS DA EVOLUÇÃO

QUANDO FUGIMOS DA LUTA, seja pela rebeldia, seja pela infantilidade, seja pelo medo, seja pelo comodismo, perdemos a oportunidade do crescimento, a chance da promoção evolutiva, que nos traz a felicidade.

Quanto mais o homem sobe os degraus da evolução, mais lúcido ele se torna, melhores escolhas ele faz, mais amor ele tem, mais humildade ele adquire, mais gentil ele é, mais sábio ele se torna e, com mais facilidade, compreende o seu próximo.

A felicidade está intimamente associada ao grau de evolução do Espírito.

FIQUE CONOSCO

SE A IDEIA SUICIDA ESTIVER rondando você, procure não lhe dar espaço em sua mente. Corte firmemente esses pensamentos negativos.

Não ouça a voz que se insinua com o argumento de que não vale a pena viver e que seus problemas jamais terão fim.

Todo problema é passageiro e encontrará solução através do tempo. O suicídio é uma medida sem volta para um problema transitório.

113

Aguente firme. Peça ajuda.*
Tenho certeza de que alguém está pronto a lhe oferecer ajuda para você passar por essa fase. Não desista. Fique conosco, você é importante para todos nós.

---

* Procure o CVV – Centro de Valorização da Vida (ligue gratuitamente: 188).

AMOR DIVINO

NÃO IMPORTA O TAMANHO dos nossos problemas e o quanto nos sentimos fracos diante deles. Nada é maior do que a força do Pai que nos criou e que continua nos amparando com devotado amor!

Na hora da angústia, vamos nos entregar ao socorro divino! Há quem se entregue aos vícios em geral, ao derrotismo, ao suicídio. São portas falsas, que apenas nos afundam em dores ainda maiores.

Somente em Deus encontraremos as portas verdadeiras, que nos levam à cura da nossa dor. Alimente-se das palavras do *Salmo* 91: “Aquele que habita o esconderijo do Altíssimo, à sombra do Onipotente, descansará. Direi do Senhor: Ele é o meu Deus, o meu refúgio, a minha fortaleza, e Nele confiarei.”

TEMPERANÇA

EM TUDO BUSQUE A TEMPERANÇA. Fuja dos extremos. O caminho do meio sempre é o mais seguro. Os extremos geralmente beiram o precipício onde podemos escorregar e cair.

Toda falta e todo excesso geram desequilíbrios. Muitas doenças nascem exatamente da perda do nosso equilíbrio, seja ele físico ou emocional. O homem precisa se alimentar, porém tanto a falta como o excesso de comida perturbam a nossa saúde!

A tristeza crônica abate o corpo e a euforia excessiva desmantela o coração.

Equilíbrio não é privação, é moderação. Nem mais, nem menos. Nem rápido, nem devagar. Não é o extremo do “tudo ou nada”, é o meio.

DEUS SABE

DEUS CONHECE A NOSSA INdividualidade, pois Ele criou cada um dos seus filhos de forma única e especial.

Porém, geralmente duvidamos dos nossos potenciais, não acreditamos em nossa beleza interior, não confiamos em nossas capacidades. Esse olhar distorcido precisa ser corrigido!

116

Quando eu descubro em mim aquilo que Deus já sabe desde a minha criação, nenhum desprezo do mundo é capaz de me abalar, nenhuma comparação se mostra justa, nenhuma inveja se justifica.

Não sou superior, nem inferior a ninguém. Sou único!

IDADE EVOLUTIVA

A PERFEIÇÃO QUE JESUS NOS recomenda é um horizonte para o qual caminharemos pelas trilhas da eternidade, um ideal perene, que vai se construindo em cada lance da nossa existência.

Assim, hoje, eu devo me empenhar para ser o mais perfeito possível, respeitada a minha idade evolutiva. Sendo verdade que a natureza não dá saltos, não dá para virar anjo do dia para a noite, mas dá para ser “melhorzinho” a cada dia.

Ninguém dorme avarento e acorda “São Francisco de Assis”, porém é possível ter o coração um pouco mais generoso a cada dia.

VAI PASSAR!

NÃO HÁ MAL QUE PERDURE para sempre. Não há dor que se eternize. Não há treva que resista à luz.

Todo mal é passageiro, toda dor é temporária.

Aguente firme, a tempestade passa, pode nos encharcar, mas passa. Depois, o sol seca a nossa alma enregelada.

118

O Reino de Deus, de onde brota o impulso vital, está pronto para crescer em cada um de nós, e nos sustentar na travessia das provas.

O Reino não está longe nem fora, está dentro de mim, está dentro de você! Pacientemente, permita-se esse movimento de Deus em sua vida, a partir do seu coração.

E tudo vai passar!

NAMORE A FELICIDADE

AMAR A FELICIDADE SIGNIFICA fazer aquilo que nos deixa felizes!

Quando amamos uma pessoa, fazemos tudo o que está ao nosso alcance para vê-la bem. Muitas vezes, porém, embora desejando a felicidade, tomamos caminhos que nos distanciam dela. Mude de amores. Deixe os rancores, as chatices, as neuroses, as complicações, as idealizações de perfeição.

119

A felicidade gosta de coisas leves, de viver o momento presente, de apreciar o que é bom, o que é belo, o que é simples, o que cai gostoso na alma...

Namore a felicidade, apaixone-se por ela. Assim, ela se casa com você!

AS LEIS DE DEUS

QUANDO JESUS NOS PEDE que o sigamos, quando solicita que amemos como ele nos amou, que perdoemos como ele perdoou, que sejamos fraternos como ele foi, mansos e humildes como ele se mostrou, na verdade, está nos anunciando as leis de Deus que regem o nosso destino, as quais, uma vez assimiladas, nos levarão à felicidade e à plenitude do viver.

120

Jesus não veio ao mundo para fundar mais uma religião. Ele veio falar de como fazer a nossa vida valer a pena.

Estamos na escola da vida, Jesus é o Mestre, seu caminho é suave, sua mensagem é vida em nossa vida.

O PRESENTE LIVRO É UMA compilação de frases extraídas dos livros *Na luz da vitória* e *Dentro de mim*, publicados pelo autor por esta editora, devidamente revistas e ampliadas.

DADOS INTERNACIONAIS
DE CATALOGAÇÃO NA PUBLICAÇÃO
[CIP BRASIL]

D366c
DE LUCCA, José Carlos [*1961]
Contém vida! / José Carlos De Lucca
Catanduva, SP: InterVidas, 2024
272 p. ; 9,1×13×1,4 cm

ISBN 978 85 60960 32 3

1. Autoconhecimento
2. Desenvolvimento pessoal
3. Emoções 4. Psicologia aplicada
5. Espiritualidade

I. De Lucca, José Carlos, 1961–. II. Título

CDD 158.1 CDU 159.942

ÍNDICES PARA CATÁLOGO SISTEMÁTICO
1. Autoconhecimento : Desenvolvimento
pessoal : Psicologia aplicada 158.1

EDIÇÕES
1ª ed., 1ª tir., março de 2024, 7,5 mil exs.
1ª ed., 2ª tir., outubro de 2024, 4,5 mil exs.

DIRETOR GERAL
Ricardo Pinfildi

DIRETOR EDITORIAL
Ary Dourado

ASSISTENTE EDITORIAL
Thiago Barbosa

CONSELHO EDITORIAL
Ary Dourado, Ricardo Pinfildi,
Rubens Silvestre, Thiago Barbosa

DIREITOS DE EDIÇÃO
Editora InterVidas
[Organizações Candeia Ltda.]
CNPJ 03 784 317/0001-54 IE 260 136 150 118
R. Minas Gerais, 1520 · Vila Rodrigues
15 801-280 Catanduva SP
17 3524 9801 www.intervidas.com

COLOFÃO

TÍTULO
Contém vida!

AUTORIA
José Carlos De Lucca

EDIÇÃO
1ª

TIRAGEM
2ª

EDITORA
InterVidas [Catanduva SP]

ISBN
978 85 60960 32 3

PÁGINAS
272

TAMANHO MIOLO
9×13 cm

TAMANHO CAPA
9,1×13×1,4 cm [orelhas 5 cm]

CAPA
Ary Dourado

PROJETO GRÁFICO & DIAGRAMAÇÃO
Ary Dourado

REVISÃO
Alexandre Caroli Rocha
Beatriz Rocha

COMPOSIÇÃO
Adobe InDesign CC 19.5 [macOS Sequoia 15.0]

TIPOGRAFIA CAPA
(Typesenses) Limon [Script Bold, Didone Regular]
(DSType) Acto Medium

TIPOGRAFIA TEXTO PRINCIPAL
(DSType) Acta Medium 13/15

TIPOGRAFIA TÍTULO
(Typesenses) Limon Didone 13/13

TIPOGRAFIA FÓLIOS
(Typesenses) Limon Script Bold 20/20

TIPOGRAFIA NOTA DE RODAPÉ
(DSType) Acta Medium 11/15

TIPOGRAFIA ORNAMENTOS
(MadJack.font) Salmon Queen Extras
(Latinotype) Showcase Ornaments

TIPOGRAFIA DADOS & COLOFÃO
(DSType) Acta Bold [7; 6]/8

MANCHA
60×86,7 mm, 16 linhas [sem fólio e título]

MARGENS
15 : 21,7 : 15 : 21,7 mm
[interna : superior : externa : inferior]
[sem fólio e título]

PAPEL MIOLO
ofsete Sylvamo Chambril Book 75 g/m²

PAPEL CAPA
papelcartão Ningbo Fold C1S 300 g/m²

CORES MIOLO
1×1: Pantone 2040 U

CORES CAPA
4×1: CMYK×Pantone 2040 U

TINTA MIOLO & CAPA
ACTEGA Premiata

PRÉ-IMPRESSÃO CTP
SCREEN PlateRite 8300S

PROVAS MIOLO
Epson Stylus Pro 9880

PROVAS CAPA
Epson Stylus Pro 4880

IMPRESSÃO
processo ofsete

IMPRESSÃO MIOLO
Man Roland Rekord

IMPRESSÃO CAPA
Man Roland 704

ACABAMENTO MIOLO
cadernos de 32 e 8 pp.,
costurados e colados

ACABAMENTO CAPA
brochura com orelhas, laminação
BOPP fosco, verniz UV brilho com reserva

PRÉ-IMPRESSOR & IMPRESSOR
Rettec Artes Gráficas [São Paulo, SP]

TIRAGEM
4,5 mil exemplares

TIRAGEM ACUMULADA
12 mil exemplares

PRODUÇÃO
outubro de 2024

O autor cedeu os direitos autorais deste livro ao
GRUPO ESPÍRITA ESPERANÇA
CNPJ 08.209.086/0001-79
Rua Moisés Marx, 1123 – Vila Aricanduva – São Paulo SP
www.grupoesperanca.com.br

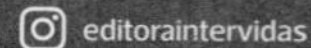